AF297428

14
LK 48
B.

MÉMOIRE

ADRESSÉ AU ROI,

PAR LA COMMISSION INTERMÉDIAIRE

DES ÉTATS DE BRETAGNE.

SIRE,

Tous les Ordres de l'Etat, tous les Corps de Citoyens, toutes les parties du Royaume font dans la consternation : elle s'est répandue au

A

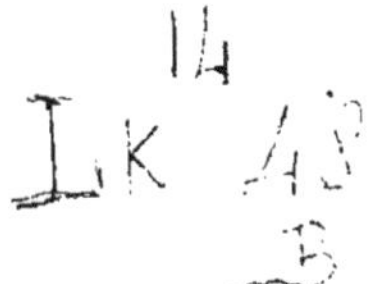

fein des Villes & dans les Campagnes : on eft parvenu 'à jetter l'épouvante & l'effroi dans tous les cœurs ; mais on ne réuffira pas à détruire notre confiance dans la Juftice de Votre Majefté. Le courage de la Nation renaît de l'excès même de fes maux. Lorfque les Ennemis de l'Etat entourent votre Trône, Votre Majefté doit être l'objet de nos alarmes ; jamais elle ne peut les caufer. Le premier acte de votre Regne fut un hommage rendu aux Loix. Comment pourriez-vous, SIRE, adopter le projet de les détruire ? Il ne peut avoir été enfanté que par les véritables ennemis de votre gloire.

Votre augufte Aïeul fut long-temps l'idole des Français. Des hommes pervers s'emparerent de fa confiance, abuferent de fa bonté pour fe mettre à l'abri de fa juftice ; dégraderent tout pour tout dominer ; anéantirent la Magiftrature qu'ils ne pouvoient corrompre, & lui fubftituerent des Juges dont plufieurs furent tirés de la claffe même de ceux qui avoient à craindre d'être jugés. Votre Majefté monte fur le Trône ; le

Sanctuaire des Loix s'épure ; les vrais Magiſtrats reparoiſſent : ils reprennent d'une main aſſurée les balances profanées par des mains incapables de les ſoutenir , & la Nation s'applaudit de les revoir acquitter la plus noble dette du Souverain.

Voilà , SIRE , la révolution digne d'un Roi. Pour l'opérer il n'a fallu ni s'envelopper d'un ſilence perfide, ni employer la force & la violence. Les Repréſentans de l'Autorité n'ont pas été obligés de faire marcher des armées à leurs ſecours ; de ſe faire entourer de Soldats pour ſe garantir de la fureur du peuple ; de monter au Temple de la Juſtice comme à l'aſſaut d'une Ville ennemie. Une foule de Citoyens de tous les rangs va au-devant des Commiſſaires de Votre Majeſté , ſe preſſe ſur leurs pas ; mais c'eſt pour leur ſervir de cortege ; de toutes parts des cris ſe font entendre, mais ce ſont des cris de joie ; des acclamations, l'expreſſion de l'enthouſiaſme public. Pour obliger les Juges Intermédiaires à céder la place aux vrais Magiſtrats , il n'eſt pas besoin de les y contraindre : la honte & le re-mord chaffent les Intrus à l'inftant où le Sanc-tuaire de la Juftice s'ouvre aux Miniftres des Loix.

Ah, SIRE ! ces momens font-ils déja fi loin de nous ! Que fur cette époque brillante de fon regne, Votre Majefté daigne un inftant repo-fer fes regards fatigués des tableaux affligeans que lui offre l'état actuel de la France !.... Qu'elle jouiffe d'un fouvenir confolateur , qui en lui montrant ce qu'elle a fait , lui révele ce que nous attendons de fa fageffe. Jeune encore , mais nourri des leçons d'un pere dont la mémoire fera toujours chere aux Français , le front à peine ceint du diadême , Votre Majefté a fenti qu'à une Monarchie il faut une Magiftrature hono-rable & honorée. En cédant aux premiers élans de votre Cœur , vous avez prouvé que c'étoit le plus sûr de vos guides : c'eft auffi le moins intéreffé à vous tromper.

La juftice & la bienfaifance font les attributs na-turels du Trône. Celui qui eft revêtu du pouvoir souverain, d'un pouvoir fondé sur la Loi, & qui peut tout ce qu'elle autorise, n'a intérêt de vouloir que ce qu'elle veut. Mais les Rois sont malheureusement obligés de partager avec quelques-uns de leurs Sujets les soins qu'exigent le gouvernement d'un grand empire ; de confier une portion de leur autorité à des agens secondaires ; & sur le choix d'un Ministre, le meilleur Prince est exposé à des méprises si funestes ! .... Souvent il croit sacrifier son propre penchant au bonheur de son peuple, en faisant taire la voix secrete qui l'avertit d'éloigner de sa Personne l'homme dangereux dont un parti puissant vante les talens & la capacité ; il croit faire un choix, & ce ne sont que les efforts combinés d'une intrigue artificieusement conduite qu'il couronne ; il croit se procurer un homme d'état, & l'événement ne tarde pas à faire connoître qu'il ne possede qu'un adroit courtisan. Dans l'ivresse des honneurs, les Ministres s'oublient ; ils jettent leur masque dont ils ne croient plus avoir besoin, & la Nation défolée frémit de voir le vice entourer le Trône d'un Roi vertueux.

SIRE, aucun Monarque n'a plus défiré que Votre Majefté le bonheur de fes Sujets, & l'Hiftoire nous offre peu de regnes où l'abus du pouvoir miniftériel ait été plus funefte. Un prodigue, un diffipateur a ruiné l'Etat dont il régiffoit les Finances; fes Succeffeurs propofent d'abattre le tronc qu'il a deffeché.

M. l'Archevêque de Sens avoit juftement réclamé dans l'Affemblée des Notables contre l'établiffement des impôts ruineux propofés par M. de Calonne. Il devient chef du Confeil des Finances, & l'Autorité déploie tout l'appareil du pouvoir abfolu pour faire enregiftrer ces mêmes impôts. On éprouve des difficultés qu'on défefpere de vaincre, & dès-lors on femble abandonner toute idée d'impôts. On parle d'y fuppléer par une reforme févere, & la premiere opération du plan économique eft un emprunt graduel & fucceffif de quatre cens vingt millions, maffe effrayante, capable feule d'écrafer un état déja obéré.

L'expérience nous apprend que ce n'eft ni par des créations nouvelles d'impôts, ni par des emprunts qui ne font eux-mêmes que des impôts anticipés qu'un Gouvernement fage rétablit les finances d'un Royaume. L'Hiftoire conftate que l'accroiffement des impôts & la reffource des emprunts ont toujours marché avec le défordre & la dilapidation ; qu'ils en ont été la preuve la moins équivoque ; & que les Princes qui ont laiffé les finances dans le meilleur état font précifement ceux au nom defquels il a été levé moins d'impôts

Henri IV, qui fut comme Louis XII, le pere de fes Sujets, combla le vuide immenfe que de longs malheurs & une guerre ruineufe avoient dû néceffairement opérer, & remplit les coffres du Tréfor Royal : cependant quelle différence entre les fubfides qui avoient lieu de fon temps & ceux qui fe perçoivent aujourd'hui ; mais Henri IV poffédoit un Miniftre fage, actif, laborieux, incorruptible qui avoit des vues pro-

fondés & dont l'auſtérité des mœurs garantiſ-
ſoit les vues honnêtes : en un mot, Henri IV
avoit un Sully.

La progreſſion des impôts a été tellement
rapide, que la France ſe voit menacée de ſuc-
comber ſous le fardeau qu'elle ſupporte depuis
trop long-temps. Que devoient faire les Parlemens & qu'ont-ils fait ? Continuellement placets,
par les projets irréfléchis des Miniſtres de Votre
Majeſté, dans la cruelle alternative ou de réſiſter
au vœu du Gouvernement, ou de compromettre les droits de la Nation ; ils n'ont pu ſe diſſi-
muler que les pouvoirs qui leur avoient été confiés aux Etats de Blois, devoient avoir un terme ;
ils ont cru avec raiſon que l'Aſſemblée des Etats-
Généraux pouvoit ſeule offrir au Monarque des
ſecours proportionnés au beſoin de l'Etat : ils en
ont donc demandé la convocation. Quelle pro-
poſition dut être plus agréable à un Roi aimé
de ſon Peuple ? Cependant ce mot n'eſt pas
plutôt prononcé que le Parlement de Paris eſt
transféré à Troyes. On le rappelle, Votre Majeſté

jefté annonce une *Séance Royale pour entendre fon Parlement fur deux grands actes d'adminiftration & de Légiflation*. Votre Garde des Scéaux déclare au nom de Votre Majefté, & en fa préfence, que ce font des fuffrages libres qu'elle vient recueillir ; deux Magiftrats fe confient en cette parole Royale & rempliffent le devoir religieux qu'elle leur impofe, on les renferme dans des Châteaux : un Prince de votre Sang ofe parler avec cette noble liberté qui convient à fon rang, il eft exilé.

Les actes effrayans du pouvoir abfolu fe multiplient Sur le moindre prétexte des Lettres de cachet fe diftribuent ; on n'entend parler que de profcriptions, que d'emprifonnemens. La liberté violée dans toutes les parties du Royaume, excite des réclamations générales qu'on n'écoute pas. Tous les Corps fe plaignent, & les motifs de plaintes ne font qu'augmenter. Les coups de l'autorité furprife continuent de frapper aveuglément fur les Citoyens de tous les Ordres, mais s'appéfantiffent particuliérement fur les Magiftrats : le Sanctuaire même des Loix n'est plus un lieu de sûreté pour eux. L'innocence n'a plus d'asyle : bientôt elle n'aura plus d'appui. Une soldatesque effrénée se permet toute sorte de violences ; se livre à tous les excès dans le lieu destiné à les punir. Toute la France, SIRE, a frémi d'horreur en apprenant la scene scandaleuse dont le Palais de la Capitale du Royaume a été souillé par l'enlévement de MM. d'Espre-menil & Goeslard , arrachés à main armée des bras de la Justice même.

Ces excès , dont les ministeres les plus dé-testés n'offrent point d'exemple , n'étoient, pour ainsi dire , que l'annonce de ceux auxquels de-voient se porter les destructeurs de la Monar-chie Française. Des Ministres prévaricateurs se liguent contre la Magistrature , dont la fermeté leur oppose un obstacle qu'ils désesperent de vaincre , conjurent contre les Loix qui leur of-frent une barriere qu'ils croient , dans leur pré-somptueuse ignorance , plus facile à rompre qu'à franchir. Aveugles despotes , ils embrassent les colonnes de l'antique & majestueux édifice qu'ils ont résolu de renverser ; l'ébranlent avec fureur pour essayer leurs forces , & pourvu que tout périsse avec lui , ne craignent pas de s'ensévelir eux-mêmes sous ses ruines

Leurs projets leur semblent à eux mêmes si révoltans qu'ils craignent de confier leur fatal secret à ceux dont ils sont obligés de se servir. Les Commissaires choisis pour coopérer à la révolution machinée sous le voile d'un mystere impénétrable , se trouvent porteurs de paquets cachetés , qu'il ne leur est permis d'ouvrir que dans l'intérieur du Palais , au moment où l'exécution des ordres que ces paquets contiennent , ne peut plus être différée.

En acceptant une pareille commission , sans savoir en quoi elle consiste , mais dont ils ne pouvoient méconnoître l'objet , ces agens secondaires se livrent les premiers à ce honteux asserviffement par lequel le despotisme avilit tous ceux qu'il soumet ou qu'il emploie.

Enfin le Code du despotisme va paroître.

Qui le méconnoîtroit à fa promulgation ? Tout jufqu'à la maniere dont la tranfcription en fera faite fur les regiftres, portera le caractere dégradant qui ne convient qu'à lui feul : tout annonce plutôt une confpiration contre les Loix, qu'un acte de légiflation, que la publication d'une Loi.

Au même jour & à la même heure dans toutes les Provinces du Royaume, le Temple de la Juftice eft invefti, eft affiégé. C'eft ainfi que des ordres cruels armerent le fanatifme d'un poignard homicide. Mêmes moyens, mêmes précautions ; une moitié de la Nation a le glaive levé fur l'autre. Un filence effrayant couvre le projet jufqu'à l'inftant marqué pour fon exécution. Dans un feul jour, enfin, des Satellites s'emparent de tous les Tribunaux, & frappent la Magiftrature & les Loix.

Ah, SIRE ! des jours que les l'Hopital, les de Thou, auroient voulu, au prix de leur fang, effacer de annales françaifes, devoient-ils nous être rappellés par la politique fombre de vos Miniftres, lors même que votre Majefté s'occupe à couvrir de fa main bienfaifante les traces fanglantes que des fiecles n'ont pu encore effacer.

C'eft infulter tout à la fois le Légiflateur & fon ouvrage, que de transformer un acte de violence & de deftruction dans un acte de légiflatif. Non, SIRE, ce n'eft point ainfi, ce n'eft point à main armée que fe promulguent des Loix. *Leur force*, dit énergiquement un Magiftrat dont les principes auroient dû être plus refpectés par votre Garde des Sceaux (*a*); *vient de leur jufte difpofition : elles portent avec elles le refpect dû à leur auteur, fans qu'elles aient befoin d'une autre force que celle de ce refpect même, pour être reçues avec l'applaudiffement & la foumiffion qu'elles méritent.*

Quel peut être, SIRE, le prétexte d'une entreprife formée avec tant de myftere & exécutée avec tant d'éclat? Seroit-ce l'ufage que les Par-

---

(*a*) M. de Lamoignon, Premier Préfident au Parlement de Paris, qui fut la gloire de fa Maifon, & que la Magiftrature s'honorera toujours d'avoir poffédé.

lemens ont fait du pouvoir que la Nation leur a mis entre les mains ? Seroit-ce la réfiftance courageufe qu'ont éprouvé vos Miniftres , & que commandoit l'intérêt de votre gloire ? Seroit-ce le refus d'enregiftrer des impôts que votre Peuple eft hors d'état de fupporter ? Seroit-ce la déclaration de ne vouloir prendre aucune part à la tranfcription illégale d'un Edit deftiné à n'offrir au Gouvernement que la continuation d'une refource qui a fait fa ruine ?

Le pouvoir monarchique eft fans ceffe en action. Si le Prince, revêtu de ce pouvoir, étoit libre de placer au-deffus des Loix & dans le dépôt même deftiné à les recevoir, tous les actes momentanés de fa volonté abfolue, le dépôt le plus précieux n'offriroit bien-tôt plus qu'un affemblage, un cahos monftrueux de diplômes incohérens, de titres informes, de refcrits contradictoires. Chaque Regne, difons plus, chaque miniftere fe fignaleroit par quelque opération nouvelle deftructive des Loix. Par cela même que chaque Prince pourroit arbitrairement changer l'ordre qu'auroient établi fes prédéceffeurs, il n'y auroit plus rien de certain, rien de ſtable; il n'y auroit plus que déſordre & confuſion; il n'y auroit plus de Loix; la conſtitution ſeroit renverſée.

C'eſt pour garantir la Monarchie de cet affreux bouleverſement que ſont établies les formes eſſentielles de l'enregiſtrement & de la vérification.

Cette vérification, SIRE, ne conſiſte point dans une vaine formalité, dans une ſimple tranſcription ſur les regiſtres. Vérifier de nouveaux Edits, c'eſt en faire un examen attentif; c'eſt en diſcuter les motifs, en calculer les réſultats; c'eſt en comparer toutes les diſpoſitions avec les Loix anciennes & conſtitutionnelles de l'Etat; voir quel effet on en peut attendre, en preſſentir le danger, ou s'aſſurer de l'utilité que la Nation peut s'en promettre.

Les perſécuteurs de la Magiſtrature qui attaquent ſes prérogatives ne pourroint eux-mêmes conteſter la légitimité des pouvoirs que les Parlemens tiennent de la Nation, & qui ont été ſolemnellement reconnus aux Etats-Généraux de Blois. La Nation raſſemblée ne ſe borna pas à déclarer qu'elle confidéroit les Parlemens *fous une forme des trois Etats raccourcis au petit pied*, en qui réfidoit le pouvoir de *fufpendre, modifier, refufer les Edits*; elle fe plaignit au Monarque des obftacles qu'on avoit apportés à l'exercice de ce pouvoir : elle lui repréfenta ce que tous les Princes devroient fans ceffe fe dire à eux-mêmes, *que les commandemens du Roi, plufieurs fois réitérés ne font jamais néceffaires quand les Edits font juftes & bons.* Voilà en faveur de tous les Parlemens de France, un titre que l'Autorité Royale ne peut méconnoître.

En Bretagne, nous avons de plus le Contrat National qui garantit aux Cours Souveraines de la Province, le droit de vérification & d'enregiftrement. *Aucuns Edits, Déclarations, Commiffions, Arrêts du Confeil,* &c. porte expreffément l'art. 22 de ce Contrat, *n'auront aucun effet s'ils n'ont été confentis par les Etats & vérifiés par les Cours Souveraines de la Province.* Le Droit Public de Bretagne fe réunit donc au Droit National de la France pour confacrer

l'attribut

l'attribut essentiel dont on a entrepris de dépouil-
ler, dans un même jour, tous les Parlemens
du Royaume.

SIRE, les ennemis de la Nation & de vos
propres intérêts ont pu feuls calomnier la réfiftance des Parlemens, & la préfenter à Votre
Majefté comme le réfultat d'une confédération
dangereufe propre à foulever les peuples contre
votre autorité. Jamais la puiffance royale n'a eu
de plus zélés défenfeurs que les Cours Souveraines, dont on affecte de méconnoître le zele,
& dont on voudroit rendre la fidélité fufpecte.

Que l'on parcoure l'Hiftoire des Regnes les
plus orageux, on verra d'indignes Miniftres
trahir tout-à-la-fois & déshonorer leurs Maîtres;
des Courtifans comblés des bienfaits du Monarque, fe liguer avec les ennemis de la Couronne;
& au milieu des factieux, les Parlemens toujours
attachés à la Loi & au Prince qu'elle place fur
le Trône, foumettre le peuple par leur exemple;
faire rougir plus d'un Grand par la nobleffe de
leurs procédés; par leur fermeté inébranlable,

C

impofer aux rebelles & défarmer les ligueurs.
On verra fur-tout le Parlement de Bretagne
donner à tout le Royaume l'exemple de la fidélité. On le verra méprifer tous les dangers auxquels pouvoient l'expofer fon dévouement aux
intérêts d'Henri IV ; garder religieufement les
claufes de notre Contrat ; fe partager & fe répan-
dre pour le porter dans toute la Province ; rallier
tous les Bretons fous cette honorable Banniere ;
& malgré tous les efforts du Duc de Mercœur,
défendre avec un courage invincible & faire
triompher glorieufement les droits & la caufe de
la Maifon de France.

Les Magiftrats, SIRE, appaifent ou punif-
fent les conjurations, ils ne les forment pas.

Lorfque la Magiftrature effrayée de la maffe
d'impôts qui accable le Peuple, regrete d'avoir
coopéré à les établir ; lorfque, s'interrogeant
fur fes pouvoirs qu'elle a reçus de la Nation,
elle voit qu'elle en a excédé les bornes ; lorfqu'elle fent que cette faute eft la principale
caufe de tous nos malheurs, & qu'elle a le

courage de l'avouer, vos Miniftres ofent-ils bien, SIRE, l'accufer d'afpirer au pouvoir ariftocratique? Quels Ariftocrates que ceux dont l'autorité ne confifteroit que dans une négation de pouvoirs! Quels Ariftocrates que ceux dont toute la puiffance réfideroit dans la Loi qui s'éléveroit contre leurs prétentions! Il eft donc évident que la Magiftrature eft calomniée par ceux qui veulent avoir un prétexte pour la détruire.

Si les Parlemens avoient abufé des pouvoirs que la Nation leur a confiés, c'étoit en préfence de la Nation & par elle qu'ils en devoient être dépouillés : fi le droit de vérifier les Edits du Monarque devoit leur-être enlevé, c'étoit par elle, ou de concert avec elle, que devoit fe former le Corps politique deftiné à les remplacer. Des changemens qui décident du fort entier du Royaume, ne pouvoient être propofés & admis que dans l'Affemblée des Etats-Généraux, dont les Parlemens eux-mêmes ont conftamment demandé la convocation. La crife où fe trouve le Gouvernement ; le déficit énorme qui alarme sur son crédit & qui accuse son administration ; les secours dont Votre Majesté déclare avoir besoin , & qu'Elle ne peut trouver que dans les derniers efforts d'une Nation généreuse & idolâtre de ses Rois ; en un mot, le danger pressant de la chose publique exigeoit cette convocation , devenue aujourd'hui indispensable.

Et vos Ministres, au lieu d'assembler vos Peuples, les frappent d'épouvante ; sement partout la terreur & la consternation ; prétendent nous imposer des Loix , comme on leve une contribution sur un Pays ennemi ; conjurent la perte entiere de la Magistrature, que Votre Majesté avoit rétablie dans tout son éclat : arrêtent de détruire votre propre ouvrage , & exécutent leurs projets destructeurs avec une audace qui ajoute encore au scandale de l'opération.

Le plus fameux des imposteurs, le plus oppresseur des tyrans, qui ne devoit pas trouver des imitateurs parmi les Ministres d'un Roi bienfai-

fant & juſte, a parcouru, le glaive d'une main,
ſon Code de l'autre, un pays peuplé de bar-
bares; mais c'étoit moins pour publier des Loix
que pour donner des chaînes: il a fait des
eſclaves, il n'a pas conquis un ſujet. Le Code
français doit-il donc ſe réformer comme l'iſla-
miſme s'eſt établi? C'eſt le renverſement & non
la réformation de nos Loix que pourſuit le deſpotiſme miniſtériel En légiſlation, la ſageſſe
ſeule crée: la force & la violence n'ont qu'une
vertu deſtructive. En faiſant marcher des armées,
ceux qui abuſent ſi audacieuſement de la confiance de Votre Majeſté peuvent aſſervir vos
Sujets, mais non leur dicter des Loix.

Comment en effet conſidérer comme des
Loix les actes dont on a ſouillé les regiſtres de
tous les Tribunaux de la Nation? La Loi
apprend à reſpecter les Magiſtrats: & les Ordonnances, Edits & Déclarations que la force a
placés dans le dépôt de la légiſlation, n'offrent,
ſoit qu'on les conſidere dans leur enſemble, ſoit
qu'on s'arrête à leurs diſpoſitions particulieres,

que l'indigne projet d'avilir la Magiſtrature françoiſe ; d'abatardir les Tribunaux ſouverains ; de corrompre les Tribunáux du ſecond ordre ; & d'élever ſur la ruine des uns & des autres un Conſeil domeſtique dont l'établiſſement ſeul feroit une violation manifeſte de la conſtitution monarchique.

Non , SIRE , nous en atteſtons le cri de l'honneur indigné qui s'eſt élevé de toutes les parties de la France & a retenti dans la Capi-tale du Royaume ; non , ces odieux Tribunaux ne feront point formés : les funeſtes projets des ennemis de la Magiſtrature ne feront point accomplis. S'ils perſiſtent à ſoutenir que l'exé-cution en pourroit être avantageuſe , ils vous trompent : ils vous en impoſent , s'ils oſent aſſurer qu'elle eſt poſſible. Tout s'éleve pour proſ-crite cette entrepriſe audacieuſe. Ce ne ſont pas ſeulement les Corps les plus diſtingués de l'Etat qui réclament contre elle : il n'eſt pas un Ordre , pas une claſſe de Citoyens , dont la voix ne vous la dénonce comme un crime , & ſes auteurs comme les ennemis déclarés du Monarque & de la Nation.

Que vos Porteurs d'ordres parcourent, s'ils osent, toute la Bretagne; qu'ils assiégent tous les Tribunaux de la Province ; par-tout ils trouveront des Magistrats incorruptibles ; des Jurisconsultes insensibles à tout autre intérêt qu'à celui des Loix; une Noblesse brave & généreuse, toujours prête à verser son sang pour la Patrie & le Prince qui en est le pere ; en un mot, des Sujets fideles inviolablement attachés à votre Personne, aussi jaloux de votre gloire que de leur liberté, également disposés à se sacrifier pour la défense des véritables intérêts de Votre Majesté & pour le maintien de leurs droits ; mais pas une ame assez vile pour accepter, contre sa conscience & le cri de l'honneur, une Place fondée sur les débris de la Magistrature & des Loix.

Nous sommes Bretons, nous sommes Français : à ce double titre, nous avons un double intérêt à réclamer. Nous sommes unis à une

Monarchie, fera-t-elle détruite ? Nous avons une Conſtitution particuliere, fera-t-elle violée ?

(La Monarchie est détruite.)

En nous uniſſant à la France, nous avons conſenti à devenir une partie intégrante d'un Royaume gouverné par des Loix fondamenta-les : attaquer ces Loix, c'eſt donc porter atteinte au principe même d'une aſſociation qui n'a été formée & qui ne peut exiſter qu'entre deux Etats libres. Renverſez la Monarchie, l'union eſt détruite. Et comment pourroit-elle ſubſiſter, quand le Corps auquel ſeul nous ſommes unis ne ſubſiſteroit plus ?

Oſeroit-on ſoutenir qu'une révolution qui ne peut s'opérer que le glaive à la main, ne porte pas une atteinte manifeſte à la conſtitution Monarchique...... Qu'eſt-ce qu'un Monarque ? Le Chef d'une Nation libre. En ſes mains réſide la puiſſance publique, mais ſa volonté ne forme pas cette puiſſance. *Il gouverne ſeul, mais par des Loix fixes & établies*, & c'eſt en quoi il differe

du

du despote, qui, *sans Loi & sans regle, entraîne tout pour sa volonté & par ses caprices.* (*a*)

Les Loix sont donc la sauve garde d'un Etat régi par un Monarque, comme la Magistrature est la sauve-garde des Loix. L'inamovibilité de l'une, la stabilité des autres, voilà les titres indivisibles qui assurent au Prince sa Couronne, au peuple sa liberté. Qu'on les anéantisse ou qu'on les méconnoisse & tout est subverti. Point de Magistrats, si le sort des Tribunaux dépend du pouvoir arbitraire; point de Magistrats, point de Loix; point de Loix, point de Monarchie.

On doit apprendre aux Princes, dit un Prélat vraiment digne d'être leur guide, *que le pouvoir sans bornes est une frénésie qui ruine leur propre autorité. Quand les Souverains,* continue le sage Fénélon (*b*), *s'accoutument à ne connoître*

(*a*) Montesquieu, liv. 2, chap. 1, de la Nature des trois divers Gouvernemens.

(*b*) Directions pour la conscience d'un Roi, au second Supplément.

D

d'autres Loix que leurs volontés absolues, ils sapent le fondement de leur puissance. Il viendra une révolution soudaine & violente. . . . . . .

Non, SIRE, cette révolution désastreuse ne s'effectuera point. Nous nous placerons entre vos Ministres & le Trône qu'ils veulent ébranler : nous le soutiendrons contre leurs coupables efforts, & la Nation sera préservée des malheurs qu'il ne nous est pas permis de prévoir , & que votre sagesse s'empressera de prévenir.

De la nature même du Gouvernement Monarchique , résulte la nécessité de différens Corps intermédiaires , dont l'exiftence & les pouvoirs tiennent essentiellement à sa conftitution. Où regne la Loi, il faut un dépôt pour la conserver ; des Magiftrats inamovibles pour la maintenir. Toutes les mains ne font pas également dignes de recevoir ce dépôt facré. *Il ne peut être remis , dirons-nous avec Montesquieu , qu'à des Corps Politiques qui annoncent les Loix lorsqu'elles font faites, & les rappellent lorsqu'on les oublie ; qu'à un Corps qui les fasse sans cesse fortir de la pousfiere où elles feroient ensevelies.*

En France, c'eſt aux Parlemens que la garde des Loix eſt ſpécialement confiée. Ce ſont eux qui ſe trouvent chargés d'en maintenir l'exécution; d'empêcher qu'on ne leur porte aucune atteinte; & de les rappeller au Monarque lui-même, ſi les hommes corrompus, qui trop ſouvent l'entourent, pouvoient réuſſir à les lui faire oublier.

Le Conſeil du Prince, dit Monteſquieu, *n'eſt pas un dépôt convenable; il eſt par ſa nature le dépôt de la volonté momentanée du Prince qui exécute, & non pas le dépôt des Loix fondamentales. De plus, le Conſeil du Monarque change ſans ceſſe: il n'eſt point permanent. Il ne ſauroit être nombreux; il n'a point, à un aſſez haut degré, la confiance du peuple. Il n'eſt donc pas en état de l'éclairer dans les temps difficiles, ni de le ramener à l'obéiſſance.* (a)

Si *le Conſeil* ordinaire du Prince ne peut jamais être regardé comme *un dépôt convenable;*

____

(a) Livre 2, chap. 4.

D ij

comment le Tribunal extraordinaire qu'on veut ériger pourroit-il convenir?

Le Conseil du Prince n'a point, à un assez haut degré, la confiance du peuple; le projet d'établir ce qu'on appelle *Cour Pléniere* excite l'indignation publique.

Le Conseil du Monarque change sans cesse. La preuve que l'état des Membres qui composeroient la Cour Pléniere ne seroit pas plus assuré, c'est que par l'Edit même qui la crée, on pourvoit aux moyens de remplacer arbitrairement des classes entieres dont elle seroit formée.

Le Conseil du Prince n'est point permanent; la Cour Pléniere le seroit-elle davantage?

Le Conseil du Prince ne sauroit être nombreux. Osons assez espérer de la Nation, pour croire que la Cour Pléniere le seroit encore moins.

Le Gouvernement ne peut sérieusement espérer qu'une portion précieuse du premier Parlement du Royaume, que la Grand'Chambre du Parlement de Paris puisse se résoudre à entrer dans un pareil Tribunal; il n'a pu également compter fur les Députés des autres Parlemens, & croire que des Magiftrats fuffent capables d'accepter une femblable commiffion.

A la Cour, il eft encore beaucoup d'hommes qui favent qu'un nom n'eft jamais grand, s'il n'eft fans tache. Ceux-là n'accepteront pas une commiffion à laquelle le déshonneur eft attaché.

Le Confeil s'honore de poffeder plus d'un Magiftrat vertueux; mais ce ne font point de tels hommes qui concourront à former la Cour Pléniere.

Cette Cour feroit donc deftinée à devenir le réceptacle des ambitieux qui regardent les Offices dont ils font pourvus comme un moyen de parvenir, de quelque maniere que ce foit, à une grande fortune ou à de hautes dignités; le refuge des hommes déshonorés, ou qui ne craindroient pas de l'être, & où fiégeroient les Commenfaux de la Maifon de Votre Ma-jefté, étonnés eux-mêmes de fe voir revêtus du caractere de Magiftrat !

Le Confeil eft par fa nature le dépôt de la vo-

lonté momentanée du Monarque. La Cour Pléniere feroit celui de la volonté abfolue & arbitraire du Prince.

Quand on n'auroit pas fait annoncer par Votre Majefté que dans toutes les Séances où elle affiftera en perfonne, les fuffrages ne doivent pas être comptés, & que par conféquent il n'y aura jamais de délibération ; quand les Citoyens courageux ne feroient pas intimidés par l'exemple effrayant de deux Magiftrats enlevés pour avoir librement opiné à une Séance Royale, où ils étoient interrogés par Votre Majefté elle-même, les Séances de la Cour Pléniere feroient-elles autre chofe qu'une affemblée de Courtifans appellés aux pieds de leur Maître, pour entendre fes volontés fuprêmes ? Qui oferoit y parler le langage de la Loi ? Les Membres d'un Tribunal que toutes les Loix réprouvent ! Qui défendroit la caufe du peuple ? Des hommes chargés de fes dépouilles ! Qui combattroit l'établiffement d'impôts défaftreux ? Ceux qui ne font accoutumés à ne voir dans les fubfides

que des moyens de mettre le Gouvernement
en état de les foudoyer! Qui se plaindroit du
désordre des finances? ceux qui s'enrichissent de
leur dilapidation,....!

*Montesquieu conclut que le Conseil du Prince
ne seroit pas en état d'éclairer le peuple dans des
temps difficiles, ni de le ramener à l'obéissance.* Ah!
SIRE, où en seroit l'Empire Français si ces temps
désastreux pouvoient jamais renaître? Dans ces
momens de troubles, pourroit-on dire au peuple : Vous avez des Loix, en voilà les gardiens,
en voilà les Ministres? Dans les Membres de
la Cour Pléniere, qui est-ce donc qui reconnoî-
troit le noble cortege de la Loi?

Le principe de la Monarchie se corrompt,
s'écrie l'immortel Auteur de l'Esprit des Loix,
*lorsqu'on ôte peu à peu les prérogatives des Corps....
lorsque les premieres dignités sont les marques de
la premiere servitude, lorsqu'on ôte aux grands
le respect des peuples, & qu'on les rend de vils
instrumens du pouvoir arbitraire.*

Il se corrompt encore plus, lorsque l'honneur a

été mis en contradiction avec les honneurs, & que l'on peut être à la fois couvert d'infamie & de dignités.

La Monarchie se perd, continue toujours Montesquieu, *lorsqu'un Prince croit qu'il montre plus sa puissance en changeant l'ordre des choses, qu'en le suivant ; lorsqu'il ôte les fonctions naturelles des uns pour les donner arbitrairement à d'autres.*

La Monarchie se perd, lorsqu'un Prince méconnoît son autorité. . . . . lorsqu'il ne sent pas bien. qu'un Monarque doit se juger en sûreté comme un despote doit se croirt en péril.

Ces vérités ont été écrites pour les bons Rois ; daignez, SIRE, les entendre pendant qu'il en est temps encore.

Si la Monarchie se corrompt, se dissout, se perd, *lorsqu'on ôte peu-à-peu les prérogatives des Corps*, nous ne pourrions sans crime le dissimuler à Votre Majesté, la Monarchie est détruite aussi-tôt que la subversion se consomme avec éclat.

La

La Monarchie eſt détruite, dès que par une révolution ſubite & violente les Corps Politiques placés entre le Monarque & le Peuple, qui comblent le vuide immenſe que le deſpote laiſſe entre lui & ſes eſclaves, ſont entiérement dépouillés de leurs attributs eſſentiels, anéantis ou dégradés. Et-on interdit aux Tribunaux de la Nation juſqu'au droit de porter leurs réclamations aux pieds du Trône; dans un ſeul jour on en ferme toutes les avenues. Le droit de recours direct au Souverain, qui appartient eſſentiellement à tous les Membres d'une Nation libre, eſt transformé dans un privilége excluſif dont on gratifie la Cour Pléniere.

Les Remontrances des Parlemens & des autres Cours Souveraines, *ſur les inconvéniens locaux des différens Reſſorts*, ne pourroient plus être préſentées au Roi que par l'interceſſion du nouveau Tribunal, & *s'il en étoit par lui ainſi délibéré*. Ce qui conſéquemment l'autoriſeroit toujours à ſe mettre entre le Monarque & ſes Peuples. Cette ſeule diſpoſition dévoile les finiftres projets des Miniftres de Votre Majefté. A-t-on bien ofé publier que les Remontrances dépofées dans fon fein royal feroient déformais foumifes à une indigne cenfure? A-t-on bien ofé emprunter la voie légiflative pour annoncer à toute la France que toute communication directe alloit déformais être interrompue entre le Monarque & fes Sujets? Renfermé dans fon Palais, entouré de fes Miniftres, ou de leurs créatures, le Prince ne verra donc plus, n'entendra donc plus que des hommes intéreffés à le tromper !

La Monarchie eft détruite, *lorfque les canaux moyens par où coule la puiffance*, font obftrués ou rompus.

La Monarchie eft détruite, lorfque toutes les avenues du Trône font gardées & les Temples de la Juftice fermés, lorfque la Loi n'eft plus qu'un vain nom, la Magiftrature un vain titre. Et nous devons, SIRE, le dire hautement : s'ils ne font rétractés, s'ils ne tombent de vos mains, ces Edits défaftreux contre lefquels nous réclamons, il n'y a plus de Magiſtrature en France, il n'y a plus de Loix.

Quelles Loix ſubſiſteroient encore, lorſque leur dépôt eſt violé ; lorſque les Dépoſitaires ſont diſperſés, exilés, outragés ? Quelles Loix ſubſiſteroient, lorſque leur ſanctuaire eſt profané ; lorſqu'il n'y a point de violence, point d'excès qu'on ne ſe ſoit permis contre ceux qui étoient chargés de les maintenir ? Quelles Loix ſubſiſteroient, lorſque tous les Citoyens craignent pour leur liberté & tremblent pour leurs propriétés ; lorſque les biens ſont menacés d'impôts déſaſtreux & les perſonnes de Lettres de cachet ? Quelles Loix ſubſiſteroient, lorſque le deſpotiſme miniſtériel n'en connoît, n'en reſpecte aucune ; lorſqu'à leur immuable volonté qui protege tout ; on ſubſtitue la volonté momentanée du Prince qui aſſervit tout ? Quelles Loix ſubſiſteroient, lorſque, ſans égard aux cris de la Nation, les Tribunaux, à qui elle avoit confié le droit de vérification & d'enregiſtrement, ſe trouvent anéantis ; lorſque ce droit est attribué au Conseil que le Prince juge à propos de se composer lui-même, & où les Commensaux de sa Maison ont entrée, séance & voix délibérative ? Quelles Loix subsisteroient, lorsque les Edits du Monarque n'en portent plus le sacré caractere ; lorsque leur enregistrement n'est plus qu'une vaine & dérisoire formalité ; lorsque leur publication s'annonce comme un fléau public ; lorsque des Ministres despotes les fabriquent, & des Soldats les promulguent ? Quelles Loix subsisteroient, lorsque les Ministres ne connoissent de pouvoir que celui qui favorise leur puissance ; lorsqu'au moment que tous les Parlemens du Royaume déclarent n'avoir pas le droit d'autoriser la levée d'un nouvel impôt, ni d'engager l'Etat au paiement de nouveaux emprunts, on prétend conférer aux Officiers de la Maison du Prince, ce pouvoir dangereux que la Nation ne verroit pas sans inquiétude dans les mains de l'antique Magistrature Française, & qu'elle ne peut voir qu'avec indignation dans celles d'une Cour qu'elle ne doit envifager ni comme Corps Politique, ni même comme fimple Tribunal judiciaire ? Quelles Loix fubfifteroient, lorfqu'on porte atteinte aux Loix fondamentales de l'inaliénabilité du domaine de la Couronne ; lorfque dans la crife effrayante où le Gouvernement obéré doit fe reprocher d'avoir abufé de la reffource ruineufe des emprunts, on ne cherche qu'à fournir aux Miniftres les moyens d'en abufer plus facilement encore, en autorifant le Prince à gréver les fonds de l'Etat, comme un fimple particulier hypotheque fon patrimoine ; en plaçant les emprunts au nombre des moyens de fimple adminiftration, fujets feulement à l'enregiftrement de la Chambre des Comptes, *pour ce qui concerne la comptabilité* ? Quelles Loix fubfifteroient, lorfque les Loix civiles font fans force, & les Loix criminelles fans vigueur ; lorfque l'influence miniftérielle peut juftifier le coupable & perdre l'innocent ; lorfque les cachots deftinés au crime deviennent le féjour

de la vertu ? Quelles Loix ſubſiſteroient ,
lorſqu'il ne ſubſiſte plus de Tribunaux où l'on
puiſſe honorablement les invoquer ; lorſque,
dans le déſordre anarchique où toute la France
eſt plongée , le Gouvernement lui-même donne
l'effrayant & ſcandaleux exemple d'oppoſer la
force à la réſiſtance qu'autoriſent les Loix ;
lorſqu'en un mot , un odieux deſpotiſme avilit
tout , attaque tout , ſubjugue tout , renverſe tout.

Qui pourroit dire que la Monarchie ſubſiſte
encore ! . . . . Il eſt donc trop vrai , SIRE ,
que la Monarchie Françaiſe eſt détruite.

Faut-il prouver que la conſtitution particuliere de la Bretagne eſt violée ?

(LA CONSTITUTION DE LA NATION BRETONNE
EST VIOLÉE.)

La Loi fut toujours le premier Souverain
de la Bretagne : nos anciens Ducs ne régnoient
que par elle. C'étoit au milieu de la Nation
aſſemblée qu'ils jettoient les fondemens de leur
autorité ; qu'ils ſe revêtoient de toute leur puiſ-

fance; qu'ils formoient de glorieux établiſſemens ; qu'ils aboliſſoient ceux qui pouvoient être dangereux ou inutiles ; qu'ils corrigoient les mœurs ; qu'ils réformoient les anciennes conſtitutions ou les modifioient par de nouvelles. Et dans ces Aſſemblées auguſtes le Prince n'avoit pas à craindre les dangers auxquels il peut être expoſé dans un Comité miniſtériel. Le menſonge & la flatterie fuient la lumiere, la vérité ſeule ſoutient majeſtueuſement une diſcuſſion publique & éclairée.

C'eſt ainſi que la Bretagne joüiſſoit de tous les avantages qu'une ſage conſtitution procure au Souverain & à ſes peuples, lorſque la Ducheſſe Anne épouſa ſucceſſivement deux Rois de France, Charles VIII & Louis XII, & par ces deux mariages conſécutifs prépara l'union des deux Couronnes.

Maîtreſſe de donner ſa main aux Monarques Français, la Ducheſſe de Bretagne ne pouvoit diſpoſer des Etats dont elle étoit Souveraine, ni en compromettre les droits & les franchiſes.

Son Contrat de mariage avec Louis XII fut un premier hommage rendu à ces principes.

« *En tant que touche de garder & conduire* » *le Pays de Bretagne & Sujets d'icelui*, porte » l'article 1er de ce Contrat, *en leurs Droits, Li-* » *bertés, Franchises, Usages, Coutumes & Styles* » *tant au fait de l'Eglise, de la Justice, comme* » *Chancellerie, Conseil, Parlement, Chambre des* » *Comptes, Trésorerie générale & autres de la* » *Noblesse & commun Peuple, en maniere qu'au-* » *cune nouvelle Loi ou constitution n'y soit faite,* » *fors en la maniere accoutumée par les Rois &* » *Ducs prédécesseurs de notredite Cousine la Du-* » *chesse de Bretagne ; que nous voulons, entendons* » *& promettons garder & entretenir ledit Pays &* » *Sujets de Bretagne en leursdits Droits & Libertés,* » *ainsi qu'ils en ont joui du temps des feus Ducs* » *prédécesseurs de notredite Cousine* ».

Les Droits, Franchises & Libertés de la Bretagne doivent donc être maintenus dans leur intégrité. » *Aucune Loi nouvelle, aucune* » *constitution n'y doit être faite, fors en la maniere*

accoutumée

» *accoutumée* ». Quelle est cette maniere accoutumée ? L'art. 6 du même Contrat leve à cet
égard toute équivoque.

« *En tant que touche que s'il avenoit que*
» *de bonne raison, il y eût quelque cause de faire*
» *mutation particuliere, en augmentant, dimi-*
» *nuant, ou interprétant lesdits Droits, Coutumes,*
» *Constitutions ou Etablissemens que ce soit, par le*
» *Parlement & Assemblée des Etats dudit Pays,*
» *ainsi que de tout temps est accoutumé & qu'au-*
» *trement ne soit fait. Nous voulons & entendons*
» *qu'ainsi se fasse appellés toutefois les Gens des*
» *trois Etats* ».

Les Droits, Coutumes, Constitutions ou
Etablissemens de la Bretagne, ne peuvent donc
souffrir aucune altération, aucun changement :
ils ne sont même susceptibles de modification
quelconque, que par le concours & dans l'Af-
semblée de la Nation. Les prétextes dont on
ne manque jamais de colorer toutes les inno-
vations ont été prévus & ils ne peuvent dispen-
ser des formes prescrites par la Constitution

Nationale. L'avantage qu'on pourroit fe promettre d'une inftitution nouvelle , la néceffité
de fupprimer ou de réformer d'anciens établiffemens , peuvent devenir un motif plus ou moins
preffant d'affembler les Etats , mais qui ne peut
fouftraire à l'obligation de demander & d'obtenir
leur confentement.

« *S'il avenoit que de bonne raifon il y eût quel-*
» *que caufe de faire mutation particuliere.* . . . .
» *Qu'ainfi fe faffe appellés toutes fois les Gens des*
» *trois Etats par le Parlement & affemblée des*
» *Etats du Pays , ainfi que de tous temps eft*
» *accoutumé , & qu'autrement ne foit fait* ».

Les mariages de la Ducheffe Anne n'avoient
établi entre la France & la Bretagne qu'une
union imparfaite , & que le droit de fucceffion
pouvoit feul perpétuer dans la Maifon de France.
Mais le regne de Louis XII rendit le Gouvernement Français fi cher aux Bretons , qu'ils
furent les premiers à provoquer , fous le regne
de fon Succeffeur , l'union inféparable des deux
Couronnes. Et voilà comme la fageffe d'un bon

Roi fut plus puiſſante que la politique & les armées de ſes Prédéceſſeurs.

Rien de plus ſimple & de plus noble tout à la fois que la maniere dont ſe fit le Contrat entre le Monarque Français & les Etats de la Province. On y voit éclater cette confiance ſans réſerve, cette loyale & touchante franchiſe qui diſtingue & caractériſe les Bretons.

Aſſemblés à Vannes en 1532, les Etats préſentent leur Requête à François Ier, & demandent » *qu'il lui plaiſe unir & joindre par* » *union perpétuelle ledit Pays & Duché de Bre-* » *tagne avec le Royaume de France, à ce que* » *jamais ne ſe trouve guerre, diſſenſion ou inimitié* » *entre leſdits Pays, gardant toutefois & entretenant* » *les Droits, Libertés & Privilèges dudit Pays,* » *tout ainſi qu'il avoit plu aux Prédéceſſeurs,* » *Rois & Ducs de cedit Pays les y maintenir, gar-* » *der & que mondit Seigneur le Dauphin ainſi le* » *jure faire* ».

Voilà quelles furent les ſtipulations convenues & arrêtées par les Etats de Bretagne. La Nation aſſemblée manifeſte elle-même ſon vœu ; elle conſent à devenir une portion de l'Empire Français ; mais c'eſt l'union & non la confuſion des deux Etats qu'elle propoſe : elle ſe réſerve tous ſes Droits, Libertés & Priviléges ; elle exige que le Prince jure de les garder & entretenir.

Une pareille Requête étoit de nature à n'être rejettée par aucun Monarque. François Ier, déclare en avoir le « *contenu pour agréable ; il unit*
» *& joint ledit Pays & Duché de Bretagne avec le*
» *Royaume & Couronne de France perpétuelle-*
» *ment, de ſorte qu'ils ne puiſſent être ſeparés, ni*
» *tombés en diverſes mains, pour quelque cauſe que*
» *ce puiſſe être, & proteſte vouloir & lui plaire que*
» *les Droits & Priviléges, que ceux dudit Pays &*
» *Duché ont eu par ci-devant, & ont de préſent,*
» *leur ſoient gardés & obſervés inviolablement,*
» *ainſi par la forme & maniere qu'ils ont été gar-*
» *dés & obſervés juſqu'à préſent ſans y rien chan-*
» *ger & innover, dont il ordonne Lettres-Paten-*
» *tes en forme de Chartes leur être expédiées & dé-*

» *livrées* ; Enfin le Monarque prête le ferment qui devoit fceller cet important Contrat.

Tel eft le traité fynallagmatique qui affure aux Rois de France la Couronne de Bretagne, comme il garantit à la Bretagne le maintien de fa conftitution : & d'âge en âge ce Contrat à été renouvellé par les Rois qui ont occupé le Trône depuis l'union de la Bretagne à la France. Votre Majefté elle-même l'a plus d'une fois ratifié. Rappeller cette fuite de Contrats, c'eft vous préfenter tout à la fois, SIRE & les titres que nous avons à votre juftice, & ceux que vous avez à notre fidélité.

Un des actes les plus importans, & dont la folennité fe répete à chaque Tenue, c'eft celui où vos Commiffaires & des Députés nommés par les Etats jurent, les premiers au nom de Votre Majefté, les autres au nom de la Province, de maintenir l'exécution du Pacte refpectif. C'eft ainfi que par un ferment qui eft le vôtre, & traitant librement avec un Peuple libre, vos Commiffaires donnent tous les deux ans une nouvelle authenticité à vos engagemens & à ceux de vos Prédéceffeurs. Que Votre Majefté n'a-t-elle pu être témoin de l'émotion que cet acte folennel jette dans tous les cœurs Bretons ; de la confiance qu'inf-pire à chaque Citoyen la lecture du Contrat paffé au nom de tous ! Cette confiance feroit-elle trompée ? Non, SIRE, nous ne ferons pas les feuls à garder nos fermens …..

La derniere époque où les vôtres ont été renouvellés à la face de la Nation, eft encore toute récente. C'eft le 23 Janvier 1787, que le dernier Contrat a été paffé en la Ville de Rennes. Nous en invoquons premiérement l'article 20, qui porte *que tous les droits, franchifes & libertés de la Province feront confervés, & que tous les articles des Contrats faits ci-devant entre le Monarque, fes Commiffaires & les Etats, feront exécutés fans aucune contravention, comme s'ils étoient inférés au préfent Contrat.*

Secondement, l'article 22 qui difpofe qu'*au-cuns Edits, Déclarations, Commiffions & Arrêts* du Conseil, & généralement toutes Lettres-Patentes & Brevets contraires aux priviléges de la Province, n'auront aucun effet, s'ils n'ont été consentis par les Etats & vérifiés par les Cours Souveraines de la Province, quoiqu'ils soient faits pour le général du Royaume........ & que dans le cas même où les Cours Souveraines de la Province eussent registrés ou vérifiés aucuns Edits, sans le consentement exprès des Etats, ils n'auront aucun effet ni exécution dans la Province.

Troisiémement, l'article 23 par *lequel il est formellement stipulé qu'il ne sera rien changé au nombre, qualité, fonctions & exercices des Officiers de la Province : ce faisant qu'il ne sera fait aucune création d'Officiers, ni de nouvelles Jurisdictions.*

Ce sont-là, SIRE, les dispositions expresses qu'aux termes de l'art. 40 du même Contrat, vos Commissaires, du nombre desquels il s'en trouve actuellement un Ministre & Secrétaire d'Etat (a), ont *promis & juré entretenir, accomplir, faire agréer & ratifier par Votre Majesté.*

(a) M. le Comte de Montmorin.

Après avoir fait examiner ce Contrat *en votre Conseil*, Votre Majesté, par Lettres-Patentes du 10 Février 1787, l'a effectivement *agréé, approuvé & ratifié*; elle s'est engagée à en maintenir toutes les dispositions, à empêcher qu'il n'y soit porté aucune atteinte; & en adressant sa ratification en forme de Lettres-Patentes au Parlement & à la Chambre des Comptes, elle leur mande non-seulement de faire *lire, publier & regiſtrer ce Contrat*, *mais d'en garder de point en point le contenu, selon sa forme & teneur, sans y contrevenir, ni souffrir qu'il y soit contrevenu.*

Les Cours Souveraines de la Bretagne sont ainsi établies les dépositaires du Contrat National. En leur en confiant la garde, Votre Majesté reconnoît combien sa puissance est intéressée à en maintenir l'exécution : elle charge expressément les Magiſtrats de *ne souffrir qu'il y soit contrevenu.*

Jamais dépôt plus sacré ne fut confié à des Corps plus dignes d'en être les gardiens. La

Chambre

Chambre des Comptes eſt le plus ancien Tribunal de la Province. Cette Cour Souveraine exiſtoit long-temps avant l'union de la Bretagne à la France ; & ſi le Parlement eſt un établiſſement poſtérieur à cette époque mémorable, il n'eſt pas moins eſſentiellement lié à notre conſtitution. Henri II ne l'a créé que ſur la demande des Etats, aux termes des Lettres-Patentes confirmatives du Traité, & qui portent que *la Juſtice ſera entretenue en la forme & maniere accoutumée.*

La preuve que la création du Parlement fut délibérée & conſentie par les Etats, qu'elle fut provoquée par eux, accordée à leurs preſſantes ſollicitations, ſe conſtate non-ſeulement par l'Edit de création du mois de Mars 1553, où Henri II reconnoît qu'il auroit reçu de *ſes bons & loyaux Sujets les Gens du Pays & Duché de Bretagne, pluſieurs plaintes, clameurs, doléances pour leſquelles il auroit été perſuadé y établir un Parlement ;* mais par l'Edit donné pour l'érection des quatre Siéges Préſidiaux

G

dans lequel ce même Prince fait une mention expresse de la Requête qui lui avoit été présentée, *comme puis n'agueres*, lit-on en tête de cet Edit, *les Gens des trois Etats de notre Pays & Duché de Bretagne, nous ayant entre autres choses, fait diré, remontrer & très-humblement supplier qu'il nous plût de nommer, ériger & établir un Parlement ordinaire audit Pays.*

Des Lettres-Patentes du 21 Octobre 1558, par lesquelles le même Henri II supprime, toujours à la demande de la Province, différens Offices de Présidens, Garde des Sceaux, & autres Officiers créés dans les Présidiaux de Bretagne, constatent de plus en plus la vériré que nous venons d'établir. Elles apprennent que les Etats de Bretagne avoient envoyé le 25 Septembre 1552 des *Délégués* à Henri II pour le *requérir d'ériger un Parlement ordinaire en icelui Pays;* que cette premiere démarche n'ayant pas encore eu son effet, ils déléguerent de nouveau en 1553 pour supplier le Prince de *leur octroyer un Parlement ordinaire, suivant* leurdite premiere Requête, & qu'en inclinant à icelle, Henri II auroit, dès le mois de Mars en-suivant, créé & érigé un Parlement ordinaire en icelui Pays.

Et ce qui mérite particuliérement d'être remarqué, c'est que les Lettres-Patentes de 1558 ont eu précisément pour objet de remédier à un des abus qui excitent actuellement nos justes ré-clamations. Elles n'ont en effet supprimé, à la demande des Etats, différens Offices de Magis-trats & de Juges, que parce que leurs fonc-tions tendoient à restreindre & à diminuer la compétence du Parlement. *De façon*, portent les Lettres-Patentes, *que si lesdites créations d'Officiers & attribution de Jurisdiction nouvelle avoient lieu, la plus grande partie des causes de nos Sujets seroient vuidées & terminées par lesdits Juges, ce qui seroit par ce moyen tollir à nosdits Sujets la voie d'appel, même ès matieres de grand poids & conséquence, & demoureroit, en ce fai-sant notredite Cour de Parlement presque inutile audit Pays, pour le bien & en faveur duquel elle y a été par Nous érigée & établie, pour à quoi obvier, &c.*

Il est donc évident, par le titre même de son institution, & par les différens Edits & Lettres Patentes qui l'ont préparée, accompagnée & suivie, que non-seulement le Parlement de Bretagne a été formé & établi à la demande & sur les requétes des Etats, mais que l'étendue même de sa compétence a été déterminée d'après leur représentation, & conformément à leurs desirs.

Cette influence nécessaire & constitutionelle du vœu national s'est plusieurs fois manifestée, quand il a été question d'introduire dans cette Cour quelques changemens, additions ou réformes; de fixer le lieu ou de prolonger la durée de ses séances.

Lorsqu'en 1557 Henri II crut devoir compléter le Parlement, par la création d'une seconde Chambre des Enquêtes, & déterminer dans quelle Ville ce Tribunal tiendroit ses séances, c'est de concert avec les Etats que tous ces objets sont réglés.

La Capitale de la Province réclame-t-elle contre la tranflation du Parlement à Nantes ? Ses repréfentations font renvoyées par Charles IX, à l'Affemblée des Etats & d'après leur avis, le Parlement fe trouve définitivement établi à Rennes

S'agit-il de prolonger d'un mois les Séances du Parlement ? Cette prolongation en 1579 eft accordée à la demande des Etats.

Et pour citer enfin l'heureufe & mémorable époque qui vous mérita, SIRE, le titre glorieux de Reftaurateur des Loix, ce fut aux vœux & aux follicitations des Etats qu'en 1774 le Parlement a été rétabli dans fon intégrité. Ah ! SIRE, n'auriez-vous fignalé votre avénement à la Couronne par cet acte le plus éclatant de votre Juftice ; n'auriez-vous rappellé la Magiftrature & rétabli le premier Tribunal de la Nation, que pour fouffrir qu'on les détruife ? N'auriez-vous rendu un hommage authentique à la conftitution Bretonne, que pour être témoin de son entiere subversion ¿ Les Dépositaires, les Gardiens de notre Contrat se verront-ils les premieres victimes de sa violation ? Seroit-il possible que dans vos Conseils il se trouvât des hommes assez imprudens, assez perfides pour oser dire à Votre Majesté qu'elle pourroit violer des engagemens si solennellement pris avec ses peuples ; qu'elle pourroit leur donner l'exemple de l'infidélité !

SIRE, nous vous en conjuróns, par votre propre intérêt & par celui de vos peupl, daignez écouter un langage plus conforme aux vrais sentimens de votre cœur & le seul qui soit digne de l'attention d'un Roi. C'est la leçon mémorable que réservoit l'Archevêque de Cambrai à son Auguste Eleve, pour l'époque dangereuse où revêtu du Souverain Pouvoir, il devoit être exposé aux pieges & aux dangers qui vous environnent.

« *Vous avez promis des conditions*, dit ce Pré-
» lat aussi cher à la religion qu'à la vraie philoso-

» phie (*a*) , *c'eft à vous à les garder inviolable-*
» *ment. Qui pourra fe fier à vous , fi vous y*
» *manquez ? Qu'y aura-t-il de facré , fi une*
» *promeffe fi folennelle ne l'eft pas ? C'eft un con-*
» *trat fait avec des peuples pour les rendre vos*
» *Sujets : commencerez-vous par violer votre titre*
» *fondamental ? Ils ne vous doivent obéiffance que*
» *fuivant ce contrat , & fi vous le violez......*

Ah ! SIRE , il eft déja violé. Qu'il nous foit permis de le demander, qu'a promis Votre Majefté ? Que tous les contrats faits entre Elle, fes Prédéceffeurs & la Bretagne *feront exécutés fans aucune contravention :* & par les nouveaux Edits, on porte une atteinte manifefte aux difpofitions les plus effentielles de ces contrats.

Qu'a promis Votre Majefté ? Que *tous les droits , libertés & franchifes* des Bretons feroient inviolablement confervés. Un de leurs priviléges les plus conftans eft celui de ne pouvoir être traduits en premiere inftance ailleurs que devant leurs Juges naturels ; & fuivant les nouveaux

---

(*a*) Directions pour la confcience d'un Roi, Direction 9.

Edits, le Jugement des forfaitures de tous les Magiſtrats du Royaume ſeroit excluſivement dévolu à la prétendue Cour Pléniere. *Elle con-noîtroit des forfaiteurs directement & en dernier reſſort contre toutes les Cours & Juges ſupérieurs ou inférieurs, ſans aucune exception.* Il eſt évident que dans cette diſpoſition générale la Bretagne ſe trouve compriſe, ainſi que toutes les autres Provinces de la France. Au moyen de cette attribution plus redoutable cent fois que les évocations illégales dont nous préſerve notre conſtitution, nón-ſeulement chaque Magiſtrat, mais les Tribunaux entiers, mais les Cours Souveraines de la Bretagne verroient leurs fonctions ſoumiſes à la cenſure, on ne dit pas d'un Tribunal étranger, mais d'un Conciliabule miniſtériel, à qui on ne peut pas même donner le nom de Tribunal. Là viendroit ſe confondre tout ce qui porte le caractere de Magiſtrat, tout ce qui en remplit les fonctions plus ou moins ſublimes; Juges ſupérieurs, Juges infé-rieurs, Magiſtrats ſouverains, Officiers de baſſes baffes Jurifdictions, tous, fans exception comme fans diftinction, comparoîtroient au même titre devant la prétendue Cour Pléniere, & recevroient en dernier reffort le jugement de leur dégradation.

Qu'a promis Votre Majefté ? Qu'il ne fe fera, même *pour bonne raifon*, aucune mutation particuliere, en changeant, augmentant ou diminuant les établiffemens formés dans la Province, finon les Gens des trois Etats appellés fur leur Délibération & avec leur confentement ; & fans que les Etats aient été confultés, les établiffemens les plus importans de la Province font détruits ou mutilés ; on fe permet, non de faire de fimples mutations, mais de bouleverfer tous les Tribunaux établis en Bretagne.

Qu'a promis Votre Majefté ? *Qu'aucuns Edits, Déclarations, Commiffions, Arrêts du Confeil & Lettres-Patentes, n'auront aucun effet, s'ils n'ont été confentis par les Etats & vérifiés par les Cours Souveraines de la Province ; que dans*

H

*le cas même où les Cours Souveraines de la Province,
euffent regiftré ou vérifié aucuns Edits fans le confentement exprès des Etats, ils n'auront aucun effet ni
exécution en Bretagne.*

Et l'on prétend nous foumettre à des Edits
qui non-feulement n'ont point été adoptés par
les Etats, mais fur lefquels ils n'ont pas même
délibéré, & dont la vérification a été interdite
aux Cours Souveraines; à des Edits dont la
tranfcription militaire & forcée eft une infraction
du Droit National de France, une violation
manifefte du Droit public de Bretagne, un
attentat contre notre conftitution.

Qu'a promis Votre Majefté? Ce n'eft pas
feulement de maintenir les Magiftrats dans
leurs fonctions, jufqu'à ce qu'il plaife à l'Autorité de fupprimer leurs Offices. L'inamovibilité
de la Magiftrature ne confifte point dans un
vain mot; le titre même de l'Office eft à l'abri
des fuppreffions arbitraires. S'il n'eft pas per-
pétuel, il doit être au moins perpétuellement
à couvert des entreprifes miniftérielles & des
abus du pouvoir abfolu.

Votre Majefté a promis qu'*il ne fera rien changé au nombre, qualités, fonctions & exercices des Officiers de la Province*; qu'il ne fera fait aucune création d'Officiers ni de nouvelles Jurif-dictions : & tout l'Ordre Judiciaire eft interverti. Le nombre des Officiers de chaque Tribunal eft arbitrairement réduit ou augmenté, fuivant que le projet d'humilier la Magiftrature demande réduction ou accroiffement; leur qualité eft dégradée; leurs fonctions font avilies; l'exer-cice entier de leurs pouvoirs eft fufpendu; on crée de nouveaux Offices; on forme des Jurif-dictions nouvelles. On fupprime les Préfidiaux qu'on transforme en grands Bailliages ; on fupprime les Jurifdictions Royales dont on forme enfuite autant de Préfidiaux; on établit en faveur des uns & des autres fur les Juftices des Seigneurs que Votre Majefté reconnoît pour une propriété facrée, à laquelle Elle déclare n'avoir intention de porter aucune atteinte, une *prévention & concurrence* qui en fubordonnent entièrement le fort à la volonté des jufticiables,

H ij

& laissent ainsi aux Parties le dangereux pouvoir de se choisir des Juges, & de se jouer de ceux auxquels un ordre antique & fondé sur la premiere loi sociale, les avoit soumis, & qu'il leur apprenoit à respecter.

On supprime différens Tribunaux d'exception; puis ajoutant l'insulte à l'injustice, on offre aux Titulaires, en paiement de leurs Offices supprimés, des provisions d'Offices dans les nouveaux Tribunaux. C'est ainsi qu'en privant d'honnêtes Citoyens de l'état qu'ils ont embrassé sur la foi publique, & la garantie du Contrat National qui met en Bretagne tout Office de Judicature à l'abri des suppressions arbitraires, on voudroit les réduire à l'humiliante & honteuse nécessité d'accepter des emplois, dont le titre est d'avance flétri dans l'opinion publique.

Qu'a promis enfin Votre Majesté? *De ne rien innover en Bretagne sans l'avis & le consentement des Etats;* & cependant lorsqu'il s'agit d'une révolution telle qu'il n'en exista jamais dans la Monarchie; lorsqu'il est question non pas seulement de réformer ou d'innover, mais de détruire la Magiſtrature, d'anéantir les Loix, d'ébranler toutes les baſes de la conſtitution, cette opération déſaſtreuſe eſt préparée, conduite, exécutée, ſans que les Etats ſoient aſſemblés, ſans qu'ils en déliberent.

Et c'eſt au moment même où le coup mortel eſt porté, c'eſt dans l'acte deſtructif de tous nos droits, qu'on déclare ne vouloir y porter aucun préjudice ; c'eſt après en avoir, autant qu'il étoit poſſible, conſommé la ruine, qu'on nous offre des eſpérances illuſoires, démenties d'avance par le titre même ſur lequel on les appuie ; & que l'on fait dire à Votre Majeſté que les Droits des Provinces *ſont expreſſément réſervés dans les nouveaux Edits.*

Quoi, SIRE, nos Droits ſont réſervés, lorſqu'il n'en eſt preſque aucun qui n'ait reçu la plus mortelle atteinte ; lorſqu'il n'eſt pas un Ordre de Citoyens, pas un Corps, pas un Tribunal, pas un individu, qui ne ſoit dépouillé de ſes prérogatives les plus eſſentielles ; lorſque les droits de la propriété des biens, ceux de la li-

berté des personnes sont violés avec un scanda-
leux éclat.

Quel est donc l'espece de Droit qu'on nous
réserve? Celui de délibérer sur les Edits, Déclarations & Ordonnances de nos Rois? Mais on
les notifie, on les met à exécution avant de les
présenter à l'Assemblée des Etats. Celui de vérification dans les Cours Souveraines de la Province? Mais la transcription des nouveaux Edits
a perdu jusqu'à l'apparence de la vérification,
ou plutôt elle n'en est que la violation manifeste.
Celui de n'avoir que des Tribunaux & des Juges
avoués par la Nation? Mais n'emploie-t-on pas
la force & la violence pour former & abolir ses
Tribunaux les plus antiques, les plus chers &
les plus respectés; pour lui arracher les seuls
Juges qu'elle puisse reconnoître; pour lui en
donner qui, rejettés par elle avec indignation,
ne pourroient être que l'objet de ses mépris.

Et dans quelle circonstance ose-t-on former
des projets & tenter une subversion qui, en
jettant par-tout la consternation & le désespoir,
acheve de ruiner les fortunes particulieres;

embarraſſe & ſuſpend les perceptions les plus légitimes ; met toutes les affaires de l'Etat dans une ſtagnation vraiment alarmante ; deſſeche & tarit les canaux deſtinés à remplir le Tréſor Royal , & fait perdre au Gouvernement les ſeuls & vrais garans qu'il puiſſe offrir à la confiance publique ? C'eſt lorſque toutes les reſſources de l'Etat ſont épuiſées ; que ſon crédit s'altere ; que ſes revenus ſont conſommés d'avance ; lorſque le Tréſor Royal eſt grévé d'emprunts & le peuple accablé d'impôts ; lorſqu'un luxe déſordonné fait chanceler les plus hautes fortunes ; lorſque, pour remédier aux funeſtes effets d'une prodigalité ſcandaleuſe, l'adminiſtration ſe voit obligée de reſtreindre les penſions méritées par des ſervices réels, comme celles obtenues par l'intrigue & la protection ; lorſqu'une foule de Citoyens ſe voient ſubitement privés de leur état par des ſuppreſſions que des vues économiques peuvent juſtifier , mais qui n'en ſont pas moins autant de coups portés à la propriété ; lorſque toutes les opérations, bien ou mal concertées des Miniſtres , frappent

fur les Citoyens de tous les rangs, de toutes
les profeffions. C'eft lorfque toutes ces diver-
fes fecouffes operent néceffairement une com-
motion générale, qu'on laiffe le crime fans
vengeance & l'innocence privée de tout fou-
tien; qu'on fufpend le cours de la Juftice; qu'on
la déclare par-tout & au même inftant vacan-
te; qu'on a l'imprudence de fermer tous les
Tribunaux en attendant qu'on puiffe les avilir
ou les détruire. C'eft lorfque le mécontente-
ment eft univerfel, c'eft alors que l'on rompt
le feul frein capable de prévenir les fuites d'une
fermentation toujours dangereufe : en un mot,
c'eft lorfqu'un déficit énorme follicite les derniers efforts d'une Nation généreufe, qu'on
attaque fes Loix conftitutionnelles; qu'on anéan-
tit le feul principe d'énergie qui lui refte.

Par les Edits qui caufent ce bouleverfement
général, on rappelle la parole facrée qu'avoit
donnée Votre Majefté : on lui fait renouveller
l'engagement folennel de convoquer les Etats-
généraux. Eft-ce par une dérifion infultante
pour

pour ceux à qui cette promesse est faite ; ou veut-on que la Nation soit assemblée pour déplorer la perte de ses Loix ? C'est lorsqu'il s'agit de les réformer, qu'elle doit être sur-tout consultée. Les grands changemens que n'appelle & ne prépare pas son vœu manifesté d'une maniere éclatante, sont toujours dangereux ; ils inquietent, ils alarment ; le trouble s'empare des esprits ; la confiance se perd, & l'autorité elle-même se trouve compromise. Les Etats-Généraux n'ont jamais concouru qu'à en raffermir les bases ; ils en ont toujours été les soutiens naturels & les défenseurs les plus zélés. Empressez-vous donc, SIRE, de les convoquer ; environnez-vous de cette Assemblée auguste que, dans les temps même les plus difficiles & les plus orageux, vos Prédécesseurs n'ont jamais formée sans en retirer les plus grands avantages. Votre Majesté en a reconnu l'extrême nécessité : *sa parole est sacrée, les Etats Généraux seront convoqués au plus tard en 1791.* Daignez, SIRE, accélérer cette convocation. N'attendez pas que la ruine de l'Etat foit confommée ; que vos Peuples n'aient plus que des vœux ftériles à former, que des larmes à vous offrir.

SIRE, la Cour d'un Roi de France n'appartient pas exclufivement à tel ou tel lieu de fon vafte Empire ; il n'eft aucune de fes Provinces qui n'ait droit de partager le bonheur & la gloire de poffeder celui qu'elles chériffent toutes comme leur pere. Que Votre Majefté ne peut-elle quitter un moment ces Palais faftueux, enrichis de la mifere & de l'épuifement des peuples, & voir par elle-même l'état déplorable où l'on fe fait un jeu cruel de plonger toutes les parties de fon royaume. En eft-il une feule qui ne gémiffe du fyftême actuel, & qui ne le regarde comme un fléau ? De quelle foule innombrable de familles en Bretagne n'opéreroit-il pas la ruine ? La Ville de Rennes fur-tout, que fa fituation prive de toute efpece de commerce, fe trouveroit abfolument fans reffources, fi elle venoît à perdre fon unique moyen de fubfiftance, qu'elle doit à ce continuel mouvement d'affaires & à cette

affluence de confommateurs étrangers qui difpa-
roîtroient avec lé Parlement & les Tribunaux de
Juftice qu'elle poffede ; & il en feroit de cette
Ville comme de beaucoup d'autres, fon défai-
tre s'étendroit jufques fur les campagnes qui
l'environnent.

Non, SIRE, le regne de Votre Majefté ne
fera point l'époque de tant de malheurs ; vous
ne confommerez point une opération fi funefte.
Votre bienfaifance, votre juftice viendront au
fecours de vos infortunés Sujets ; vous retirerez
les Edits qu'on a ofé vous furprendre, & que
déja depuis long-temps leurs propres Auteurs
auroient abandonnés, s'ils ne regardoient pas
comme incompatibles avec le rétabliffement de
l'ordre, le crédit & la faveur dont ils abufent.

Sans doute que, pour prolonger de quelques
inftans leur exiftence miniftérielle, ils ne man-
queront pas d'employer ces moyens malheureu-
fement trop ordinaires, la derniere reffource
de ceux qui ont compromis l'Autorité Royale.
Ils mettront la puiffance de votre Majefté en

oppofition avec fa Juftice ; facrifieront fa vraie gloire à une fauffe apparence de dignité , & intérefferont la majefté du Trône à défendre leur ouvrage , à confacrer leurs torts ; mais leurs efforts ne, prévaudront pas contre ces principes d'éternelle vérité, qu'un de vos Miniftres , en qui ce titre fi honorable pour ceux qui s'en rendent dignes , n'aura pas dégradé fans doute le caractere de Magiftrat , fit fi noblement valoir à l'époque la plus glorieufe & la plus intéreffante de votre regne.

S'il s'élevoit jamais, difoit M. de Lamoignon de Malesherbes à l'un de vos auguftes freres , *s'il s'élevoit de ces génies inquiets qui ne peuvent avoir d'éxiftence que par les troubles , s'ils ofoient faire entendre ces maxime funeftes :*

Que la puiffance n'eft jamais affez refpectée , quand la terreur ne marche pas devant elle.

Que l'Adminiftration doit être un myftere caché aux regards du peuple , parce que le peuple tend toujours à fe fouftraire à l'obéiffance , & que toutes fes repréfentations , fes fupplications même , font des commencemens de révolte.

Que l'autorité eſt intéreſſée à ſoutenir tous ceux qui ont eu le pouvoir en main, lors même qu'ils en ont abuſé.

Enfin que les plus fideles Sujets d'un Roi, ſont ceux qui ſe dévouent à la haine du peuple.

Alors ſans recourir à ce qui s'eſt paſſé dans les jours heureux de Saint Louis, de Charles V, de Louis XII, de Henri IV, il ſuffira au Roi de ſe rappeller ce qu'il a vu dans les premiers inſtans de ſon Regne.

Abandonnez donc, SIRE, des projets ſiniſtres, qui loin d'affermir votre autorité, ne peuvent que de plus en plus la compromettre. Voyez l'effroi qu'ils répandent ; voyez la réſiſtence qu'ils éprouvent ; entendez les cris qu'ils excitent ; connoiſſez les malheurs qu'ils vont cauſer......... déja le ſang de vos Peuples a coulé...... de nouvelles victimes feront-elles immolées à la fureur des ennemis de la Magiſtrature & des Loix ? Ne nous ſera-t-il réſervé d'autre alternative que l'aſſerviſſement ou la mort ? On fait marcher des armées ; des troupes

fe répandent dans toute la Bretagne ; les édi-
fices publics, nos Eglifes, le Sanctuaire des
Loix, font transformés en cafernes ; & cependant la capitale de la Province ne peut con-
tenir la Garnifon extraordinaire dont vos Porteurs d'ordre jugent à propos de s'entourer.
Ils rempliffent l'intérieur de la Ville de Rennes
de Soldats, comme s'ils avoient un Siége à
foutenir; & à l'extérieur, ils la tiennent bloquée
par un Camp, comme s'ils avoient une attaque
à former. Quels nouveaux projets, quelle entreprife nouvelle peuvent-il donc encore méditer
contre la liberté publique ? Quel peut être
l'objet de toutes ces incurfions Militaires ? Comment ne rougit-on pas de déployer l'appareil
menaçant de la guerre contre des Citoyens armés
feulement de la Loi, ou plutôt contre la Loi
elle même ? Comment peut on fe plaire à dégra-
der, par de fi honteufes expéditions, des
hommes que la défenfe de la Patrie doit feule
appeller au combat, & que l'honneur doit conduire à la victoire. De pareils moyens ne font

propres qu'à augmenter les dangerr qu'on voudroit prévenir, & que d'un mot, SIRE, vous
pouvez faire cesser.

Quelles conféquences affreufes un pareil fyftême n'eft-il pas de nature à produire? Dans le
choc qui peut en un moment attirer fur votre
Royaume une fuite de calamités dont il feroit
difficile de prévoir l'iffue & le terme, fur quels
fecours oferoient compter les imprudens Auteurs de tous nos maux? Pourroient-ils fe flatter
que le Glaive ne tomberoit pas des mains de
leurs fatellites eux-mêmes en voyant fur quelles
têtes il feroit levé? Efpéreroient-ils que le fa-
rouche foldat ne connoîtroit que l'aveugle autorité qui le foudoie; qu'au premier fignal il déchi-
reroit impitoyablement le fein qui le nourrit &
qu'il doit défendre; qu'il méconnoîtroit fes freres;
qu'il pourroit oublier qu'il eft Français!.....Ah!
SIRE, quelles reffources ! quelles efpérances!

Ce font les feules pourtant que le defpotifme
réferve au malheureux Potentat dont il a flétri la
puiffance. Voyez ces redoutables Sultans qui ne
regnent que par le fer ; qui ne connoiffent d'au-

tre Loi que leurs volontés & leurs caprices ; la force les éleve fur le Trône , la force les en précipite. Quel Roi fage , après avoir jetté les yeux fur les différentes révolutions dont ils font le jouet , feroit tenté d'ufurper le pouvoir abfolu? Quel defpote, au contraire, ne feroit pas frappé du fpectacle majeftueux qu'offre dans la Monarchie Françaife cette longue fucceffion de Rois recevant paifiblement des mains de la Loi la Couronne que la Loi avoit préfentée à leurs prédéceffeurs, & qu'elle garde pour ceux qui doivent leur fuccéder.

C'eft cette conftitution à laquelle Votre Majefté doit le Sceptre, qui nous a donné un Louis XII, un Henri IV ; c'eft à cette heureufe conftitution que nous nous fommes inféparablement unis ; c'eft elle qui excite aujourd'hui nos plus preffantes réclamations. Nous invoquons la foi du Contrat qui nous attache à elle , & qui n'eft pas plus qu'elle refpecté ; nous invoquons, en un mot, le titre qui vous a tranfmis la Couronne de Bretagne & fur lequel repofent votre puiffance & notre liberté.

Votre

Votre regne, SIRE, ne trompera point nôs efpérances; en 1784 la Nation Bretonne vous conˉfacra un monument de félicitation publique. Ce n'eft pas feulement au Pacificateur de l'Europe, au Défenfeur de la liberté des Etats - Unis, c'eft au Reftaurateur du Gouvernement Français & Breton, au Protecteur de *nos Droits, Franchi-fes & Libertés* qu'une Statue a été décernée par *acclamation*. Il nous tarde, SIRE, que ce monument de notre amour & de notre reconnoiffance foit élevé; il nous tarde de voir votre Image placée au milieu de nous.

Mais lorfque témoins de l'attendriffement avec lequel nos yeux s'attacheront fur des traits fi chers, les étrangers, nos enfans eux-mêmes s'emprefferont de nous interroger.... Seronsnous réduits à garder un trifte & morne filence? Ne répondrons-nous que par des pleurs? Non, SIRE, votre cœur paternel nous eft connu; ceux qui vous entourent ne parviendront point à en altérer les fentimens; nous pourrons faire éclater les nôtres. Nous dirons en contemplant l'objet de notre vénération : C'eft l'image d'un

Roi auſſi chéri de ſon peuple , que reſpecté des Puiſſances étrangeres ; c'eſt l'image d'un Roi qui , glorieux d'être le Chef d'une Nation libre , protégea la liberté juſques dans le Nouveau Monde ; c'eſt l'image d'un Roi juſte & bon , qui , malgré les efforts des méchants , ne voulut régner que par les Loix ; qui briſa la verge du deſpotiſme , qu'on avoit ſubſtituée à ſon Sceptre ; rétablit la Monarchie Françaiſe ſur ſes vraies baſes , & maintint la conſtitution bretonne dans tous ſes droits.

Nous ſupplions très-humblement Votre Majeſté , & la conjurons au nom d'une Province fidele , pour le bien & le ſoulagement de ſes peuples , comme pour l'intérêt de ſa puiſſance & pour celui de ſa gloire , de retirer les Edits , Ordonnances & Déclarations , tranſcrits d'autorité les 8 & 10 Mai dernier , tant à la Chambre des Comptes , qu'au Parlement de Bretagne.

Fait en Commiſſion , à Rennes le 22 Juin 1788.

Signé ,

L'Abbé de la Biochaye ,	*Des Tulays ,*
L'Abbé de la Villedeneu ,	*Geslin de Tremergat ,*
L'Abbé de la Croix ,	*Chaton de Vaugervy ,*
L'Abbé de Fajole ,	*De la Cheviere ,*
L'Abbé le Maistre.	*De la Haye de Changée ,*
	Le Chevalier de Talhouet ,
	Hay de Kenraix ,
	Martin de Montaudry ,

Borie ,

Bouvier des Touches ,

De Noual de la Houssaye ,

De la Grandville ,

Le Mercier ,

Loncle de la Coudraye ,

Brossays du Perray ,

Baron du Taya.

De Botherel , Procureur-Général-Syndic des Etats.

A RENNES, chez NICOLAS-PAUL VATAR , Imprimeur de Nosseigneurs les Etats de Bretagne, 1788.

9 782329 058177